AF224379

L'EMPIRE

ET

LE SOCIALISME

C'était un honnête homme
qui aimait bien son pays.

PRIX : UN FRANC

PARIS

AMYOT, ÉDITEUR.

8, RUE DE LA PAIX, 8

1872

Reproduction interdite.

L'EMPIRE

ET

LE SOCIALISME

Un spectacle affligeant entre tous ceux auxquels nous avons la douleur d'assister est de voir que le chaos où nous sommes tombés enveloppe jusqu'aux notions premières des choses politiques. Les définitions paraissent ne plus reposer sur des bases certaines : les principes et les institutions semblent avoir perdu leur sens naturel. Que l'altération survenue dans les idées qui s'attachent à chacune des parties de notre droit public et de notre organisation sociale, soit l'œuvre d'ambitieux parvenus au pouvoir et ne trouvant, pour concilier leurs intérêts présents avec leurs théories passées, d'autre moyen que de jeter la confusion dans les intelligences ; qu'elle soit le résultat de polémiques creuses soutenues par des hommes dépourvus de connaissances réelles ; qu'elle soit imputable aux contradictions inséparables de la nature humaine et à la légèreté qui nous distingue jusque dans l'expression de nos convictions les plus intimes ; la situation faite aux esprits impartiaux désireux de s'éclairer est profondément triste.

Les points de départ sont déplacés ; les faits acquis sont contestés et la discussion loyale est presque devenue impossible, les mots n'ayant plus, en quelque sorte, la même valeur pour chacun de nous. Tel est l'état du pays à la veille du jour où la force des événements, secondée par l'opinion publique, va l'appeler à se prononcer sur le gouvernement le plus propre à le relever de ses ruines.

Les deux grandes idées de la France moderne, l'Empire et le Socialisme, n'ont pas échappé au sort commun. On a dit que l'Empire n'était autre chose que le césarisme et que rien ne séparait le Socialisme du communisme. On a même écrit que le chemin le plus sûr pour aller de la civilisation au socialisme interprété de la sorte, c'était l'Empire. Cette singulière allégation, d'autant plus dangereuse qu'elle ne renferme rien de précis et qu'elle admet ainsi des versions de toute espèce, nous a suggéré la pensée de tracer, après avoir recherché ce qu'il y a lieu d'entendre par l'Empire et par le socialisme, l'attitude que son origine et sa tradition assignent à l'idée napoléonienne devant la question sociale.

L'Empire est le principe substitué à la monarchie des Bourbons par la révolution de 1789. Après l'effondrement de l'ancien système féodal, effondrement préparé par la majorité de la nation et accepté depuis par le reste, la nécessité se fit naturellement sentir de confier à un régime nouveau le soin d'organiser les droits obtenus et les libertés conquises. Le point de départ de cette opération consistait, de l'aveu de tous, non pas à abolir la souveraineté, mais à effectuer le nivellement politique des diverses classes. Le pays se trouva donc logiquement amené à désirer un pouvoir sous lequel tous les Français fussent égaux, cela dans la plénitude de leur dignité : l'esprit de la révolution devait ainsi prendre place dans notre constitution en même temps que l'unité dans la direction suprême devait être assurée. De ces tendances et de ces besoins naquirent le Consulat, puis le premier Empire qui apportèrent avec eux les Codes et cette féconde centralisation administrative sans laquelle, au lieu d'une nation, nous ne pouvons avoir que des départements, tout au plus des provinces.

Vers 1815, une nouvelle théorie gouvernementale se glissa parmi nous avec le nom de Parlementarisme. Elle avait pour elle d'avoir séduit quelques esprits éminents et d'être brillamment professée par plusieurs d'entre eux : elle n'était en réalité que le produit de l'ambition d'une certaine catégorie de citoyens. Un phénomène étrange s'était en effet accompli. Tandis que les classes autrefois privilégiées avaient renoncé sans esprit de retour à leurs anciennes prérogatives, la bourgeoisie se trouvait mal à l'aise entre la noblesse qui la dominait moralement par sa supériorité native et le peuple qui avait le tort immense d'avoir droit à sa reconnaissance. Si l'on remarque, en outre, qu'elle avait fait sans bruit et à l'écart provision de science et d'argent, si l'on songe, encore qu'elle se trouvait ainsi, au lendemain de la révolution, apte à en recueillir et désireuse d'en absorber les fruits, l'on comprendra facilement par quel enchaînement d'idées et de convoitises elle fut conduite à concevoir le dessein de prendre en mains l'avenir, puisque le passé ne lui appartenait pas, et comment, dans cet état de choses, s'emparer des affaires publiques fut le but de ses efforts. Les tournois politiques devinrent une nécessité pour des gens qui éprouvaient le besoin de faire souche. Les grands corps délibérants de l'Etat furent transformés en des arènes où se distribuèrent, sous la forme de portefeuilles, de charges et de titres nobiliaires, des prix de beau langage à la suite de discussions passionnantes et stériles. Le peuple était d'ailleurs soigneusement exclu par des lois censitaires, non-seulement de l'éligibilité, mais même de l'électorat. Son droit se bornait à ouvrir la lice à la bourgeoisie qui, après s'être servie de lui en 1789 pour devenir l'égale de la noblesse, entendait encore en faire le complice inconscient de ses ambitions individuelles. Les rapports ne tardèrent pas à se tendre : la révolution de 1848 éclata.

Enfin le second Empire, véritable expression des principes de 1789 comme l'avait été le premier, vint, consacrant le suffrage universel, rendre à la France l'égalité politique sous un gouvernement fort, sous un pouvoir capable de maintenir l'ordre et désintéressé des intrigues personnelles : il vint mettre le peuple en possession de la part qui lui revenait légitimement dans les conquêtes de 1789. Traiter avec le pays directement, sans souci des personnalités intermédiaires, les questions constitutionnelles ; mettre la volonté nationale librement exprimée au-dessus du vote des corps constitués, telle fut l'idée napoléonienne qu'ont, par une plaisante contradiction, appelée dictature des hommes auxquels l'Empire a refusé le droit de disposer à leur gré exclusif et sans appel du sort et des libertés de la France.

Examinons maintenant ce qu'est, à parler exactement, le Socialisme. Bien des définitions ont été données à ce mot suivant les besoins des partis. Tous les hommes sincères s'accordent à reconnaître que le Socialisme est complétement étranger à la politique : ce sont là deux domaines distincts. Tandis que les révolutions ont pour objet le renversement

d'un pouvoir établi, le Socialisme a une portée pure-
ment économique.

On peut dire qu'il recherche dans la collectivité
l'avantage matériel de chacun. Les socialistes ne
sont donc pas des révolutionnaires et ceux qui le sont
présentent un double caractère.

Sans doute les deux ordres d'idées semblent
devoir être considérés comme inséparables chez les
peuples aux destinées desquels préside une souveraineté de droit divin : l'on conçoit aisément, en
revanche, que le Socialisme ne puisse pas être logiquement tenté de sortir de sa sphère dans un pays
jouissant d'un gouvernement issu de la volonté nationale. Dans cette dernière hypothèse, le Socialisme
reste ce qu'il est en principe. Il se propose de faire
au point de vue social ce que le premier Empire a
fait au point de vue politique : il se propose d'étendre
le nivellement aux intérêts civils.

La question du travail dans ses rapports avec le
capital est son principal objectif qui résume tout son
esprit empreint d'une haute moralité. Aussi n'est-ce
qu'en le dénaturant qu'on a pu l'attaquer sérieusement. Il est profondément honnête. Essentiellement
intéressé à respecter la propriété sans laquelle le
travail, auquel il tend la main, n'aurait pas de but

et par conséquent point de raison d'être, il repousse énergiquement le communisme qui est la négation même de toute initiative. Assurer à ceux qui possè- dent la conservation de leurs biens et aider ceux qui ne possèdent pas à acquérir honnêtement, cela par l'accord réciproque des individualités, telle est sa devise. Dans la pratique, il intervient entre les deux forces du concours desquelles émane la production, entre le capital et le travail, et, considérant que cette dernière, bien que la plus nécessaire des deux, est en même temps la plus désarmée, entravée qu'elle est le plus souvent par une ignorance relative ou par des embarras matériels, il veille à ce qu'elle ne soit pas surmenée. Il réclame pour le travail une part équitable des fruits obtenus. Il redoute et prévient la situation que Hobbes expose en ces termes : « Richesse est pouvoir. Si elle est complétement « séparée du travail et qu'elle n'ait d'autre rapport « avec lui que celui d'un acheteur vis-à-vis d'une « marchandise, richesse devient tyrannie. Elle « exerce le droit de vie et de mort le plus absolu sur « les millions de créatures humaines qui n'ont d'au- « tre moyen d'existence que le travail. »

Il entend, en encourageant la réunion de leurs ta- lents et de leurs ressources, mettre à la portée des travailleurs la faculté de produire par eux-mêmes et à eux seuls sous la forme d'associations. Il veut que

le travail quotidien donne plus que le pain de cha-
que jour et que le père de famille puisse, en de-
meurant ouvrier et après s'être consacré à faire
fructifier le capital étranger, pourvoir à l'entretien
de sa vieillesse et à l'établissement de ses enfants.
Sainement compris, le Socialisme n'est autre chose
que l'application du grand principe de la fraternité
humaine au développement de la fortune privée sans
empiétement sur aucun autre terrain, pas plus sur
celui de la religion que sur celui de la famille. La
raison commande donc de ne point accueillir l'affir-
mation des hommes qui présentent le Socialisme
comme un danger public.

Le Socialisme compte parmi ses organes l'Association internationale des travailleurs, que l'on se con-
tente le plus souvent d'appeler l'Internationale sans
remarquer que la désigner sous cette qualification
incomplète équivaut à étendre un voile sur sa nature
et sur son but.

L'esprit originaire de cette immense institution,
qui a jeté ses rameaux dans tous les pays du monde,
est humanitaire et n'est que cela. Destinée à unir
tous les ouvriers, sans distinction de nationalité ni de
profession, par des rapprochement périodiques et par
l'étude commune de leurs droits et de leurs devoirs,
elle aurait, à en croire certaines révélations, dégé-

néré. Sortant de son magnifique rôle, elle serait descendue au rang d'une secte politique. D'un élément de pacification, elle serait devenue un élément de bouleversement. Elle se serait faite l'expression du radicalisme dans tout ce qu'il a de plus contraire à l'ordre et à la civilisation. Il est malheureusement certain, bien qu'aucun programme officiel n'ait jamais été formulé par elle et bien que l'on ne soit renseigné sur ses vues que par des déclarations individuelles, que ses aspirations ont revêtu un caractère révolutionnaire dans les monarchies séculaires, particulièrement en Allemagne et en Russie. Il appartient à la vigilance des lois et à la fermeté des magistrats de l'y rappeller à ce qu'elle doit être.

Pourrait-elle se détourner ainsi de sa voie dans un gouvernement émanant du suffrage universel et, par conséquent, de ses membres nationaux pour leur part numérique? Il est permis d'en douter. C'est d'ailleurs là une question de surveillance et de police.

Il est à noter, pour demeurer dans l'impartialité, que sa main ne s'est pas clairement montrée dans les crises que nous venons de traverser, que les membres de la Commune de Paris ont été reniés par Karl Marx, son chef, et que, de tous les hommes condamnés par les conseils de guerre, quelques-uns seulement ont été convaincus d'en faire partie. Quoi qu'il en soit, quand bien même on eût reconnu un plus grand nombre des siens sur les barricades, il y aurait encore eu lieu de se demander si ces émeutiers agissaient à son instigation, le fait d'appartenir à une association quelconque n'engageant pas nécessairement la responsabilité de cette dernière et laissant, en définitive, chez chacun la porte ouverte aux erreurs et aux crimes où il peut être entraîné par ses vices propres. Aussi, tout en nous inclinant devant la loi, comme il convient dans un pays qui veut être digne de la vie politique, regrettons-nous que l'affiliation à l'Association internationale des travailleurs soit, en principe, frappée aujourd'hui de peines correctionnelles, tandis qu'il eût mieux valu, selon nous, la maintenant, favoriser ses tendances utiles et se borner à réprimer ses écarts, comme faisait l'Empire, ennemi de la proscription, mais gardien vigilant de la paix publique.

Ces notions générales étant données, quels ont été et quels seraient les rapports de l'Empire avec le Socialisme ? L'Empire et le Socialisme ont, nous l'avons vu, la même portée dans deux ordres d'idées corrélatifs : c'est dire que l'Empire se complète par le Socialisme, par le Socialisme honnête, par celui qui ne cache pas sous un masque trompeur des idées subversives, par celui qui unit et non par celui qui brise, par celui, enfin, qui s'impose exclusivement pour tâche l'amélioration du sort des travailleurs.

L'Empereur décrétait en socialiste, lorsqu'il répandait à profusion l'instruction primaire qu'il voulait, dans son inépuisable bienveillance et dans son respect de la liberté, faire gratuite et non obligatoire, les cités ouvrières, les caisses de retraites et d'épargne, les sociétés de secours mutuels, les prêts au travail.

Il appelait les députés à l'honneur de partager ses convictions socialistes, lorsqu'il conviait le Corps législatif à proclamer que la coalition n'est pas un délit tant qu'elle n'affecte pas une forme violente ; lorsqu'il admettait ainsi les employés à marchander, en droit, la peine comme les capitalistes marchandaient depuis longtemps, en fait, le salaire ; lorsque, se faisant l'avocat des grandes villes, il obtenait pour elles, par les réunions publiques, le moyen de discuter et de déterminer les candidats à la représentation nationale les plus dignes, d'après leurs études et leurs antécédents, de la confiance des classes ouvrières.

Nous voici amenés à préciser quelle valeur il est juste d'attribuer à l'opinion des hommes qui voient, dans les tendances socialistes de l'Empereur et dans les concessions humanitaires auxquelles elles ont donné lieu, l'origine primordiale de la révolution du

4 septembre et de la désorganisation actuelle. Rien n'est plus faux que cette allégation qui est une erreur complète, à moins qu'elle ne soit une calomnie intéressée, ayant pour but de soulever contre le régime déchu toute la masse conservatrice.

Si nous recherchons en particulier les résultats des réunions publiques, celle des institutions impériales qui a été le plus critiquée, nous reconnaîtrons, en premier lieu, qu'elles eurent naturellement un excellent effet : l'effet d'avertir les gens d'ordre que dix-huit années de prospérité ne sauraient suffire à éteindre les mauvaises passions et les désirs malsains, et de mettre les partis avouables en garde contre des insinuations perfides conduites à se trahir elles-mêmes dans l'emportement de la discussion.

En second lieu, nous ne voyons nulle part que ces réunions, soumises d'ailleurs à une sage surveillance, aient obscurci le sens moral et politique de la population parisienne qui, dans les luttes électorales dont les quartiers excentriques de la Bastille et du Panthéon ont été le théâtre, a donné haut la main l'avantage aux républicains modérés, Garnier-Pagès et Jules Favre, sur les radicaux Raspail et Rochefort. Et, lorsque ce dernier fut appelé à un siége vacant, à la suite d'une option, les Parisiens, frondeurs et caustiques, lui jetant une sorte de défi, l'envoyèrent à la Chambre, chacun le sait, non pas pour en faire leur organe, mais pour jouir de son embarras. Tout le monde était curieux de voir ce qu'oserait dire à la tribune, devant des hommes d'Etat et des pères de famille, cet aventurier ignorant, aussi dépourvu de connaissances que de caractère, et si expansif hors la présence de tout contradicteur. La preuve de ces dispositions d'esprit est dans l'attitude gardée lors de son arrestation. Les électeurs auraient protesté contre l'incarcération d'un mandataire : Belleville se divertit fort en voyant son bouffon appréhendé au corps, et, par une étrange fatalité, Rochefort, qui s'était donné pour mission de mettre les rieurs de son côté, n'excita jamais plus franchement l'hilarité publique que le jour où il fut dirigé sur une prison pour y subir une peine correctionnelle.

Ainsi donc, ce n'est ni de l'émancipation des travailleurs, ni de l'extension des libertés de la presse, ni des réunions publiques que provient la révolution du 4 septembre. La révolution de 1789 a été faite par la nation, celle de 1830 par la bourgeoisie, celle de 1848 par le peuple : la révolution de 1870 a été faite par les déclassés de tous les pays du monde. Tel est le caractère infamant que l'histoire lui infligera.

Ce ne sont pas les artisans qui ont renversé le gouvernement impérial : ce sont les fruits secs de toutes les carrières, des avocats comme Peyrouton, des médecins comme le docteur Tony Moilin et le docteur Goupil, des journalistes comme Delescluze, Maroteau, Vermesch, Vallès, des professeurs comme Flourens, des artistes comme Courbet, des officiers rayés des cadres comme Lullier, des vaudevillistes comme Rochefort, des employés de commerce comme Jourde, des acteurs comme Lisbonne. D'ouvriers point. Ce ne sont même pas des Français, dignes de ce nom, qui ont élevé le drapeau de la révolte à l'approche de l'ennemi envahisseur. Ce sont des Italiens comme La Cecilia, des Polonais comme Dombrowski ; ce sont peut-être des agents de la Prusse ; ce sont aussi des nationaux perdus de crimes et des repris de justice. Ajoutons enfin que des badauds inconscients ont formé une foule. A la tête du mouvement se trouvaient les révolutionnaires de profession, ceux qui ont adopté pour métier de se ruer sur tout ordre de choses établi, quel qu'il soit, les Blanqui et les Pyat. La révolution de 1870 n'a eu qu'une cause, nos malheurs publics qui nous ont livrés à la populace.

Le 4 septembre devait être, dans la pensée de ses auteurs, ce qu'a failli devenir le 31 octobre et ce qu'a été le 18 mars, l'avénement de la Commune, de sinistre mémoire.

Heureusement pour Paris, un moment d'hésitation

se manifesta parmi les émeutiers : les ouvriers ne répondirent pas à la voix d'Assi, et la gauche du Corps législatif, sacrifiant généreusement une partie de sa popularité, eut le courage et le temps d'organiser un gouvernement acceptable autour duquel se groupèrent les honnêtes gens menacés. Le même gouvernement eut encore la gloire de nous sauver une seconde fois du pillage et, étant pris au dépourvu, de parer le 31 octobre, tandis que la république de M. Thiers, alors que les fédérés se bornaient à se tenir sur la défensive, amena plus tard le 18 mars, involontairement sans doute, mais par une marche en avant mal combinée ou mal exécutée.

Ces souvenirs d'un témoin oculaire de la révolution du 4 septembre rappelés, revenons au sujet qui nous occupe spécialement.

Non-seulement l'Empire est socialiste, mais, de tous les gouvernements qui se sont succédé en France, il est le seul qu'aient frappé les besoins politiques et sociaux du peuple.

Sous l'ancienne monarchie, le peuple n'entrait pour rien dans les soucis des rois, moins par un manque d'humanité ou par une petitesse d'esprit que par un système gouvernemental, auquel les Bourbons semblent être restés et devoir demeurer fidèles.

Louis XVI n'a pas suffi à éclairer Charles X. Et n'avons-nous pas vu récemment M. le comte de Chambord, chevaleresque jusqu'à l'obstination, s'envelopper dans les plis du drapeau blanc à la face de la France libérale, en déclarant qu'il n'abdiquerait pas même ce symbole. Or, comment supposer que ce prince, d'ailleurs du caractère le plus respectable et le plus élevé, conservant l'emblème, renoncerait au principe? De toutes les utopies qui ont cours, la plus invraisemblable consiste à prétendre que la légitimité pourrait un jour s'inspirer de la révolution française.

Pour ce qui est des princes d'Orléans dont le père a abandonné son parti en 1848 devant l'insurrection, et dont la triste campagne relative à la prise de possession de leurs siéges électoraux vient de démontrer une fois de plus le peu de sens politique et de fermeté pratique, sans parler de la défiance que leurs tergiversations inspirent naturellement à un pays profondément troublé auquel une direction énergique est nécessaire, nous devons à la justice de constater qu'ils ne représentent qu'une fraction de la société française, la bourgeoisie. Exclusivement préoccupés de leurs intérêts personnels, comme le prouvent l'histoire de leur maison, la donation du 7 août 1830 et la réclamation pécuniaire dont ils ont dernièrement provoqué ou souffert le dépôt intempestif à la barre de l'Assemblée nationale au moment où la France endettée fait argent de toutes ses ressources, ils ne sont l'expression d'aucun principe. Ils n'ont pour eux ni la consécration des siècles ni le suffrage universel. Après s'être irrévocablement aliéné les légitimistes par ses agissements vis-à-vis de la branche aînée, leur famille n'a pas su s'attacher le prolétariat auquel elle a fermé la vie politique par des lois censitaires. Que penser d'ailleurs d'un pouvoir qui s'appuie non pas sur l'intégralité, mais sur une classe du pays? Elle n'a même, à aucune époque de sa souveraineté, satisfait l'orgueil national. Non-seulement le peuple n'a rien reçu de ses mains, mais il n'a pas eu la consolation d'être fier d'elle.

Quant à la République, pour ne la juger que d'après le spectacle qu'elle nous offre de nos jours, elle menace les travailleurs du rétablissement des anciennes peines corporelles contre les coalitions, peines abrogées en 1864 ; elle combat le service militaire obligatoire et elle repousse l'impôt sur le revenu. Nous laissons aux ouvriers, aux contribuables et, généralement, à tous les hommes de bonne foi le soin de prononcer entre le régime impérial et les autres régimes qui l'ont précédé ou suivi.

Comme tous les progrès économiques, ceux que poursuit le Socialisme ne peuvent être atteints que dans l'ordre et par l'ordre. L'Empire, essentiellement socialiste, a donc, de ce chef, sans parler des raisons tirées de l'équité et du bon sens, un motif personnel et spécial pour être conservateur.

L'expérience a démontré que les bouleversements politiques frappent faiblement les rentiers et les propriétaires, auxquels il suffit de restreindre quelque peu leurs dépenses pour rétablir promptement l'équilibre dans leurs facultés momentanément diminuées. Le poids en porte entièrement sur ceux qui vivent du superflu des riches, c'est-à-dire sur les travailleurs. Or, avant de réglementer le travail, il faut en nourrir la source. Aussi l'Empereur, dans l'intérêt des populations ouvrières beaucoup plus que dans l'intérêt de sa dynastie qui ne pouvait être sérieusement ébranlée que par des événements exceptionnels, tels que ceux que nous venons de traverser, veilla-t-il toujours avec la plus grande sollicitude à ce que les troubles de la rue ne vinssent jamais effrayer le capital dont la circulation était indispensable à ses desseins. Il cherchait particulièrement à attirer parmi nous l'or étranger.

Un des résultats immédiats de cette sage attitude fut que les départements et les villes n'hésitèrent pas à contracter des emprunts pour entreprendre de gigantesques travaux publics. Si l'on songe que les sommes ainsi empruntées ont donné naissance à une

foule de petits patrimoines privés et que l'amortisse-
ment s'en opère sans difficulté sur le produit des résultats obtenus; si l'on remarque que les communautés
engagées au début sont appelées à jouir en propre,
après le remboursement effectué comme nous venons
de la voir, des améliorations accomplies, tandis que,
dans le même intervalle de temps, l'ouvrier aura
augmenté par une mise en valeur intelligente le
pécule dont nous avons indiqué l'origine; si l'on
constate, en outre, que ce système avait pour effet
fatal d'intéresser directement chacun à la prospérité
de tous, l'on comprendra pourquoi l'Empire a pu
réaliser tant de bien.

L'Empire, c'était l'aisance à la portée de tous sans
exception.

Pour ne citer qu'un exemple, la ville de Paris, par
ses expropriations et ses reconstructions, a fait la
fortune du département de la Creuse et celle du département de la Haute-Vienne, où les habitants s'a-
donnent, dès l'enfance, à l'art du bâtiment. Ceux qui
ont voulu consacrer à l'édilité parisienne quelques
années de bon travail ont pu retourner chez eux avec
des économies qui leur ont permis d'y devenir propriétaires. Le sol de cette région naguère presque
inculte est aujourd'hui morcelé et, partant, cultivé
avec soin : d'où un bien-être général et, par voie de

conséquence, des élections toujours conservatrices.

En ce qui touche les Parisiens, ils retrouvaient amplement dans l'extension du mouvement commercial la compensation des centimes additionnels temporairement réclamés pour l'extinction de la dette municipale et ils les payaient volontiers ayant encore un bénéfice à le faire. C'est aussi à l'impulsion du système économique impérial qu'est due l'augmentation kilométrique de notre réseau vicinal.

Mais ce n'est pas seulement au point de vue de la protection à laquelle le travail a droit que la confiance inspirée par l'Empire nous fait aujourd'hui défaut. Nous sommes au lendemain d'une épreuve terrible : nous sommes peut-être à la veille d'une crise sans remède. La France médite cette parole de Condorcet : « Il y a deux sortes de barbaries : celle qui précède « l'épanouissement de la civilisation, l'autre qui lui « succède. »

L'incendie de la bibliothèque du Louvre ne vient-elle pas d'ouvrir l'ère de la seconde ?

En ce moment où des sectes impies, groupant sous les bannières du radicalisme et du communisme les passions les plus coupables et les appétits les plus grossiers, se tendent une main sacrilége par-dessus

les montagnes et à travers les mers pour battre en
brèche la société moderne, le pays inquiet regrette
l'Empire. Il se rappelle avec reconnaissance les dix-
huit années de sécurité que nous a données Napo-
léon III, entre la Monarchie à laquelle se rattache le
souvenir d'émeutes continuelles et la République im-
puissante dans son duel avec la Commune, parce
qu'elle s'est compromise vis-à-vis d'elle.

Le parti de l'ordre en péril veut se choisir un dé-
fenseur : il demande un appel à la nation.

Puis à ces idées générales de conservation se joint
la pensée de la patrie mutilée. L'espoir de la revoir
florissante dans son intégrité s'impose à tous les
cœurs. Or, chacun sait que l'Empereur inaugure-
rait utilement la grande œuvre de la réparation de
nos désastres en rendant, par la rentrée des pou-
voirs publics à Paris et par la levée de l'état de
siége, la vie à notre capitale agonisante. Chacun
songe que l'auguste exilé résoudrait pacifiquement et
légalement les difficultés de la situation politique par
une amnistie qui, émanant de lui, serait sans danger
pour la tranquillité.